27
n. 19823.

LETTRE
DE M. TRONCHIN,
SA DÉCLARATION
SUR LA MALADIE
DE MADAME LA DAUPHINE,
ET
PROCÈS-VERBAL
De l'Ouverture du Corps de cette Princesse;

Avec des Réflexions proposées à toutes les Facultés de Médecine du Royaume.

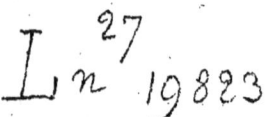

LETTRE

DE M. TRONCHIN,

Ecrite à M. le Contrôleur-Général, de Versailles le 3 Mars 1767.

MONSEIGNEUR, le zèle de Madame Pigace est bien louable; mais le mal de poitrine & les hémorroïdes de Madame la Dauphine n'étant que les accidens de son mal qui date de plus loin, & qui, par conséquent, est indépendant du mal de poitrine & des hémorroïdes, je ne pense pas qu'un remède quelconque, qui n'auroit que ces deux accidens pour objet, pût réussir. Je prends donc la liberté, MONSEI-GNEUR, de vous renvoyer le Certificat & la Lettre; & je profite avec bien de l'empressement de cette occasion pour vous assurer du profond respect avec lequel je suis, &c.

Signé, TRONCHIN.

REFLEXIONS.

Dans les disputes qui se sont élevées sur la maladie de Madame la Dauphine, il étoit difficile de démêler la vérité; mais enfin elle a percé à travers les nuages dont on cherchoit à la couvrir. La voici appuyée sur des faits qui ne peuvent laisser le moindre doute dans l'esprit, & sur le propre témoignage de M. Tronchin.

1.° Dans la Lettre qu'on vient de lire, il a déclaré que *le mal de poitrine* de Madame la Dauphine n'étoit que l'*accident* de sa maladie; par conséquent il ignoroit le 3 Mars, c'est-à-dire dix jours seulement avant la mort de cette Princesse, qu'elle fût attaquée d'une Phthisie pulmonaire; Phthisie qui étoit le seul mal qui fût annoncé par les accidens, & que l'ouverture du Cadavre nous a découvert.

2.° Suivant M. Tronchin, la maladie *datoit de plus loin, & étoit indépendante du mal de poitrine.* On peut donc dire, selon les principes de ce Médecin, qu'une phthisie pulmonaire confirmée, & qui doit être dans dix jours terminée par la mort, est une maladie indépendante du mal de poitrine.

Mais quel étoit ce mal dont M. Tronchin faisoit alors tant de mystère, & qui datoit de plus loin ? C'est une maladie bien extraordinaire, s'écrioit-il dans ses Bulletins. Il croyoit, ou il a voulu faire croire, que c'étoit l'ouvrage du poison ; il l'a dit ; il l'a écrit ; il l'a publié : c'est-à-dire que, pour éviter les reproches qu'il mérite, il a voulu diffamer la seule Nation qui l'ait accueilli.

3.° Dans cette même Lettre, M. Tronchin a décidé qu'un *remède quelconque* qui n'auroit pour objet que le mal de poitrine de Madame la Dauphine, ne pouvoit réussir : le lait & les autres remèdes adoucissans consacrés à une telle maladie par l'expérience de tant de siècles, devoient donc être bannis du traitement d'une pareille maladie.

Aussi, dès son arrivée à Versailles, M. Tronchin les a-t-il rejettés avec dédain, pour leur substituer la rhubarbe torréfiée, des roties au vin, des tartines de beurre, des fricassées froides, des pigeons sur le gril, des lapins au gratin, des petits pâtés, des asperges, des huîtres, de la raye, des aloses, & d'autres poissons.

Ce n'est pas tout ; on a soutenu un tel régime par du chocolat, de l'orangeade, du vin de Bourgogne & de Tokai pendant les repas, &, dans les intervalles, par les vins de Rota, de Pacaret & autres, dans lesquels on faisoit tremper des biscuits faits avec de jaunes d'œufs. (*)

Il seroit difficile de deviner les vues qu'on pouvoit se proposer dans un traitement de cette espèce. M. Tronchin vou-

---

(*) Je rapporterai dans un second Mémoire, la liste de toutes les recettes de M. Tronchin ; elles sont nombreuses, & cependant les mêmes. J'y ajouterai l'Histoire de toutes les bévues dans lesquelles il tombe chaque jour, & je prouverai qu'un Médecin qui ne voit des malades que chez lui, n'en voit aucun.

A 4

soit-il attaquer le fond de la maladie ? C'étoit une vraie Phthisie, & non un simple *mal de poitrine*, ou un accident qui en fût indépendant; c'est ce qu'on verra dans le Procès-verbal. Or, quand on a les premières notions de la Médecine, peut-on croire que dans un cas de cette espèce on trouvera quelque ressource dans un régime si singulier ? M. le Cardinal de Soubise en a été la victime : il étoit phthisique, & crachoit des flots de pus; mais M. Tronchin ne voyoit que la goutte dans cette maladie.

On dira peut-être, d'après M. Tronchin, qu'on vouloit réparer les forces, pour qu'on pût traiter ensuite la maladie avec plus de succès. Mais elle faisoit tous les jours de nouveaux progrès; la fièvre & la toux devenoient plus vives; le marasme ne laissoit, pour ainsi dire, que la peau sur tous les membres. Que pouvoient produire dans un tel cas des alimens qu'on ne donneroit pas dans le mal de poitrine le plus léger ? Un simple rhume ne deviendroit-il pas une véritable pulmonie, avec un tel régime & avec la rhubarbe torréfiée?

4.° Les hémorroïdes qui ont tourmenté Madame la Dauphine, étoient sans doute un accident de la maladie. Mais quel étoit la cause de cet accident? Peut-on se dissimuler qu'un flux hémorroïdal si excessif, qu'il a épuisé le sang & les forces, n'ait été une suite nécessaire des remèdes échauffans & du régime dont nous venons de parler? Voilà donc une phthisie pulmonaire inconnue à M. Tronchin, & un flux hémorroïdal auquel ce Médecin a donné lieu par le traitement le plus singulier & le plus téméraire.

DÉCLARATION
DE M. TRONCHIN,
Du 15 Mars.

Avant de procéder à l'ouverture du Corps, nous, souſſignés, déclarons :

1.° Que, ſans pouvoir déterminer préciſément le genre d'affection, la poitrine de Madame la Dauphine nous a toujours paru affectée.

2.° Que la toux juſqu'aux quatre derniers jours, quoique graſſe, s'étant maintenue ſans expectoration, l'examen des crachats n'a pu nous ſervir à caractériſer le genre d'affection.

3.° Que depuis ces quatre derniers

jours les crachats qui ont été expectorés, n'ont eu de commun avec les crachats ordinaires purulens, que leur gravité spécifique.

4.° Que le jour même de la mort, Madame la Dauphine a rendu pour la première fois par la bouche une humeur sanieuse assez abondante, distincte des crachats, mais qui n'étoit pas purulente.

5.° Qu'il n'y a jamais eu ni douleur de poitrine, ni difficulté de respirer, ni oppression, ni rougeur aux joues, ni haleine forte, ni difficulté de se coucher à droite ou à gauche, ni sueur nocturne, ni enflure aux extrémités inférieures.

6.° Que depuis plus d'un mois les viscères du bas-ventre ont paru être en bon état, l'estomac ayant bien fait ses fonctions, les selles ayant toujours été naturelles.

Signé, LABREUILLE, TRONCHIN.

RÉFLEXIONS.

DANS les premières lignes de cette Déclaration, M. Tronchin confesse qu'il n'a pu déterminer *précisément le genre d'affection* ; par conséquent il n'a pas connu cette affection, & il a traité une maladie sans la connoître.

Dans le même endroit, M. Tronchin assure que la poitrine de Madame la Dauphine lui a toujours paru *affectée*. Il est donc évident qu'il s'étoit trompé, lorsqu'il avoit si souvent affirmé aux personnes les plus respectables, que la maladie n'avoit d'autre source que le foie.

Mais supposons que la poitrine lui ait toujours paru affectée ; comment accorder une telle idée avec le régime ridicule & pernicieux qu'il a prescrit à Madame la Dauphine dès le premier jour qu'il s'est chargé de la maladie de cette Princesse?

M. Tronchin ne paroît être ni plus conséquent, ni plus éclairé dans le reste de cette Déclaration.

1.° Peut-on nier l'existence des crachats dans le cours de la maladie ? Il est très-certain que Madame la Dauphine a craché du sang, du pus & de la sanie. 2.° Où M. Tronchin a-t-il appris qu'il y a des liqueurs non purulentes, qui ont la même gravité spécifique que le pus ? 3.° Ose-t-il avancer qu'une humeur sanieuse n'est point purulente, tandis qu'il est connu de tout le monde que la sanie n'est autre chose qu'un pus fort liquide, sanguinolent & ulcéreux ? 4.° Comment ce Médecin peut-il assurer que dans une phthisie où tout le poumon étoit ruiné & suppuré, on n'a observé ni douleur de poitrine, ni difficulté de respirer, ni oppression, &c. J'en appelle à l'expérience de tous les Médecins. 5.° M. Tronchin termine sa Déclaration en annonçant le bon état de tous les viscères du bas-ventre : il étoit bien éloigné de penser ainsi, lorsqu'il accusoit uniquement le foie, comme étant la cause de tous les ravages.

PROCÈS-VERBAL
d'Ouverture du Corps.

Nous, soussignés, Médecins & Chirurgiens, convoqués par ordre du Roi pour faire l'ouverture du Corps de Madame la Dauphine, le 15 Mars, à dix heures du matin, avons remarqué ce qui suit :

Le premier coup d'œil sur les viscères du bas-ventre, après l'ouverture du péritoine, a présenté l'épiploon retiré, épaissi ; une adhérence contre nature, faisant bride, & partant du commencement de l'arc du colon du côté droit, pour se terminer vers le cœcum ; la surface de tous les boyaux grêles parsemée d'un grand nombre de petits points blancs, & d'une sorte de gelée lymphatique : ce qui est très-commun dans les maladies longues.

— Les glandes du méfentère de plus de moitié de grosseur que dans l'état ordinaire, ayant cependant conservé leur consistance naturelle.

Le foie s'est trouvé de volume, de couleur & de consistance parfaitement naturels.

La matrice étoit dans l'état naturel; les ovaires & la portion du ligament large qui les soutient, adhéroient fortement à des portions d'intestins descendues dans le petit bassin, & qui les recouvroient. La substance qui colloit ces parties entr'elles, étoit semblable à celle que nous avons observée à la surface des intestins grêles, le tout sans épanchement ni aucun dépôt.

La ratte & l'eſtomac, dans l'état naturel; les reins, le pancréas, les capſules atrabilaires, également.

La poitrine étant ouverte, le poumon du côté droit s'eſt préſenté flétri & très-rapetiſſé, fort inégal à ſa ſurface; les inégalités ſans nombre qui s'y ſont trouvées étoient dures, & paroiſſoient formées par des concrétions tuberculeuſes : le poumon gauche gorgé & adhérent à la ſurface interne de la plèvre.

En pénétrant dans l'intérieur du poumon, nous avons trouvé les deux lobes ſupérieurs du poulmon droit gorgés d'une matière purulente d'une mauvaiſe qualité, & fort puante, dépoſée dans des loges ou cellules qu'elle s'étoit pratiquées aux dépens de la ſubſtance du viſcère : ces deux lobes étoient dans une pleine suppuration. Le troisième lobe du même poumon étoit moins malade ; il y avoit moins de concrétion, moins de cellules remplies de pus ; mais toute sa substance étoit abreuvée d'une matière sanieuse.

Le lobe supérieur du poumon gauche adhéroit par toute l'étendue de sa surface à la plèvre ; il étoit fort dur, comme schirreux, tout plein de pus à l'intérieur. Ce pus étoit, comme dans le poumon du côté droit, ramassé dans des loges ou foyers distincts les uns des autres, parmi lesquels il s'en trouvoit un plus grand & plus profond, dont la hauteur alloit à près de trois travers de doigt, & dont le calibre étoit tel qu'on pouvoit aisément y engager le pouce.

Le lobe inférieur du même poumon étoit dans le même état où nous avions trouvé le troisième lobe du poumon droit, c'est-à-dire, tout abreuvé d'une matière sanieuse, & présentant plusieurs points de suppuration.

Le cœur étoit vuide, & sans aucun vice particulier.

Le cerveau & le cervelet n'offroient rien qui ne fût dans l'état le plus parfaitement naturel. *Signé*, SENAC, LASSONE, BOUILLAC, LABREUILLE, PIBRAC, VERNAGE, LA MARTINIERE, CHAVIGNAC, LIEUTAUD, BOURDELIN, A. PETIT, TRONCHIN, LASSAIGNE, LOUSTONEAU Fils, AUDIRAC, ANDOUILLÉ, BOISCAILLAUD, HEVIN, PORTAL, LOUSTONEAU.

RÉFLEXIONS.

Tel eſt le témoignage de la nature contre les déciſions de M. Tronchin; témoignage qu'il n'a pas même ſoupçonné : car perſonne n'ignore qu'à ſon arrivée à Verſailles, il ne trouva pas que la maladie de Madame la Dauphine fût *auſſi dangereuſe qu'on le diſoit*. Il ne crut pas même que le maraſme, la fièvre lente, la toux continuelle pendant la nuit puſſent annoncer quelque ravage dans la poitrine. La malade, diſoit-il, ſe couche de tous côtés ſans qu'elle ſente aucune douleur ni aucune difficulté de reſpirer ; il y a donc, concluoit-il, quelque autre partie où le mal a ſon principe. M. Tronchin ne peut nier qu'il ne fût dans ces idées ; on en appelle à tout le Public, & même à ſes Partiſans.

La nature a parlé bien différemment : elle nous a montré, à l'ouverture du cadavre, une vraie phthyſie, une ſuppuration dans tout le poumon, un amas de tubercules de toute espèce. De tels désordres ne sont pas rares ; il n'y a point de pulmonique où on ne les trouve ; ils ne peuvent même être douteux que pour un homme qui n'en a point vus ; c'est à lui seul qu'il est permis d'accuser d'autres parties qui sont dans l'état le plus naturel. On en appelle aux Membres illustres des Facultés de ce Royaume, qui ne croiroient pas être Médecins, s'ils n'avoient vu d'autres malades que ceux qui viennent dans leur cabinet.

QUESTIONS.

Un Médecin qui n'est connu que par un *Traité sur la Colique du Poitou*, & qui n'a paru dans cet ouvrage qu'un Plagiaire sans connoissances, est-il en droit de mépriser tous les Médecins de notre Faculté, qui a produit tant de grands hommes; tels que les Fernels, les Durets, les Baillous, &c. & qui a été dans tous les temps, comme l'a dit un célèbre Ecrivain, l'Ecole la plus augufte de la Médecine ?

Auroit-on imaginé qu'un tel Médecin eût ofé fe charger de la maladie de Madame la Dauphine, éloigner tous les Médecins qui avoient fuivi cette maladie, la traiter uniquement avec la rhubarbe torréfiée, avec des vins & des alimens qui ont porté le feu dans la poitrine ? N'eft-il pas évident qu'un traitement de cette efpèce ne pouvoit qu'abréger des jours qui devoient au moins être prolongés ; & par conféquent, n'eft-ce pas un meurtre qu'on peut reprocher à ce traitement ?

Seroit-on injufte, fi on affuroit qu'un Médecin qui n'a pas connu une maladie fi commune & fi évidente, ne peut pas connoître les autres ; qu'il ignore les remèdes qu'elles demandent, & que par conféquent il eft indigne de toute confiance ? Mais comment défabufer la prévention ?

Le Public fe fouvient fans doute du Médecin de Chaudray & de celui du

Temple, Charlatans de la première espèce, ennemis du nom même de la Médecine. Fiers de la foule qui les suivoit, ils avoient beaucoup de partisans, ils gagnoient beaucoup d'argent; n'est-il pas à craindre que leur race ne finisse pas? Que faire? *Qui vult decipi decipiatur.*

F I N.

www.ingramcontent.com/pod-product-compliance
Lightning Source LLC
Chambersburg PA
CBHW070523050426
42451CB00013B/2830